UNIVERSITÉ DE FRANCE.

FACULTÉ DE DROIT DE STRASBOURG.

ACTE PUBLIC
SUR LES TESTAMENS

ET

LES RÈGLES GÉNÉRALES ET PARTICULIÈRES,

CONCERNANT

LEUR FORME,

Qui sera soutenu à la Faculté de Droit de Strasbourg,
le Jeudi 27 Août 1829, à midi,

POUR OBTENIR LE GRADE DE DOCTEUR EN DROIT,

PAR S. GUSTAVE BREU,

AVOCAT,

DE STRASBOURG (BAS-RHIN).

Est aliquid fatoque suo, ferroque cadentem,
In solida moriens ponere corpus humo,
Et mandare suis aliqua, et sperare sepulcrum.
OVIDII *Tristia I*, 2, *v.* 53.

STRASBOURG,

De l'imprimerie de F. G. LEVRAULT, imprimeur de la Faculté de droit.

1829.

A MON PÈRE

ET

A MA MÈRE.

Comme un faible Tribut de mon Amour et de ma profonde
Reconnaissance.

G. BREU.

M. Hepp, Président.

EXAMINATEURS :

MM. Hepp,
     Kern,
     Rauter,   } Professeurs.
     Bloechel,

DES TESTAMENS

SOUS

LES LÉGISLATIONS ROMAINE ET FRANÇAISE.

———

Earum rerum naturaliter inter se pugna est
testatus et intestatus.
POMPONIUS (*L.* 7 , *ff. de R. j.*).

INTRODUCTION.

Le testament est l'expression légale des dernières volontés qu'un mourant veut qu'on exécute après sa mort.[1]

Tous les liens qui tenaient la propriété dans la dépendance de l'homme, se rompent, lorsqu'il a cessé de vivre.

La loi les renoue.

Le Droit des gens veut que les biens du défunt retournent à sa postérité.[2]

La loi civile, à côté de la sanction qu'elle donne à cet ordre de choses, appelle encore à la succession du défunt tous ceux qui par leur parenté sont présumés tenir le plus de place dans ses affections; mais en même temps, pleine de l'idée que la base de tout système de succession doit être de se régler sur l'affection du défunt, elle a consenti à se taire, alors que le mourant, après avoir satisfait à ce que lui imposaient et le sang et la nature, veut encore partager ses bienfaits entre ceux que les liens de l'amour ou de l'amitié avaient rapprochés de lui.

---

[1] L. 1 , *ff. qui test. facere poss.* ULP., *Fragm.* 20 , §. 1. *Inst. pr. de test. ordin.*
[2] L. 7 , *ff. de bonis damn.* DOMAT, Traité des lois, chap. 3.

1

S'il fallait une autre preuve de cette origine, on la trouverait dans la variété et la multiplicité des formalités dont les testamens ont de tout temps été entourés.

Les formalités des *conventions* sont simples, elles sont universelles; celles des testamens sont multiples et varient selon les différentes législations : la loi civile n'a pas subordonné l'*existence* de la convention à l'accomplissement de telle ou telle condition, ce n'était que pour lui imprimer un caractère plus respectable qu'elle l'a entourée de quelques formalités. L'acte de dernière volonté, au contraire, n'existe que par les formalités qui ont été prescrites à son égard, et qui seules témoignent de la volonté réelle de son auteur ; la loi civile, enfin, n'étant elle-même en dernière analyse qu'un contrat, ne saurait en interdire l'usage, sans mettre en question sa propre existence : rien, au contraire, ne l'empêcherait de prohiber la faculté de tester [1]. Le contrat profite toujours à la société, le testament est souvent odieux. [2]

---

[1] LYCURGUE interdit aux Spartiates la faculté de tester. ÉPITADEUS fut le premier qui la rétablit. ARIST., *Pol.*, cité par HEINECCIUS, *Elem. juris germ.; l.* 2, tom. 7, §. 195.

SOLON, au contraire, introduisit les testamens à Athènes, et permit aux parens de tester alors qu'ils mouraient sans enfans. PLUT. *in Sol.*

Les Germains ignoraient la faculté de tester : *Heredes successoresque sui cuique liberi.* TACIT., *Germ.,* cap. 20; ce mode de succéder se conserva long-temps dans la grande Germanie.

> *Wer seelig will sterben*
> *Schall laten vererben*
> *Syn allodi Gut*
> *An't næchst gesippt Blut.*

HUGO, *Lehrb. des Naturr.*, p. 294, *ad notam.*

[2] D'AGUESSEAU, tom. 3, 37.ᵉ Plaidoyer.

LÉGISLATION ROMAINE.

Le système de gouvernement d'un État se réfléchit dans toutes les branches qui le constituent.

La puissance du dictateur et du consul de la république romaine se retrouve dans celle du père de famille; magistrature l'une et l'autre, quoique opérant dans des cercles plus ou moins resserrés, elles avaient aussi toutes les deux la force et la puissance pour mobile. [1]

Deux manières de succéder étaient reçues dans Rome, l'une par la disposition de la loi, l'autre par la volonté de l'homme; mais dans les deux la force et la puissance étaient tout, l'amour ainsi que l'affection y tenaient peu de place : ce n'était pas comme *fils* que le fils succédait à son père, ce n'était toujours que comme *héritier sien* (*suus*) qu'il était astreint d'en *continuer* la personne.

Le même principe présidait à la succession des agnats et des gentiles, à l'exclusion des cognats; ce n'était pas parce que la parenté les rapprochait de l'affection du défunt qu'ils héritaient de ses biens, leur seul titre se trouvait dans leur qualité de parenté par mâles (*agnatus proximus*).

Les successions *ab intestat* avaient leur base dans une loi politique; les mœurs romaines inclinaient néanmoins aux successions testamentaires, puisqu'en définitive elles étaient le faisceau des différens pouvoirs dont jouissait le père de famille et le citoyen.

Testament calatis comitiis. Les testamens dérogeaient trop aux

---

1 On appelait le père *judex domesticus*, Senec., *Controv.*, II, 5; *domesticus magistratus*, Senec., *De beneficiis*, III, 11; *Censor filii*, Suet., *apud Claud.*, XVI.

lois politiques de Rome pour qu'on les admît dans les premiers
temps d'une manière générale et absolue. Tout acte de cette nature
devait porter le sceau de la loi, qui, librement votée, effaçait tout
ce que renfermait d'individuel la volonté du disposant. Ce n'était
pas alors un acte domestique, c'était un acte solennel que comme
législateur le père de famille soumettait à l'approbation de ses
concitoyens; les formalités n'en étaient pas une chose distincte et
séparée, elles s'identifiaient au contraire avec cet acte même, en
ce sens, qu'en elles seules se trouvait le testament. Il n'y avait pas
d'héritier testamentaire, il n'y avait que des héritiers légitimes. [1]

L'héritier ainsi adjoint au testateur par un lien qui ne pouvait
être autre que celui d'une parenté civile, et qui *peut-être* même,
comme sembleraient le démontrer quelques passages disséminés dans
les œuvres des auteurs de l'antiquité, n'était autre que celui de l'*adop-
tion*, devait nécessairement être maintenu dans la possession de ce
titre. La volonté individuelle, qui n'a pu se faire jour qu'en s'en-
veloppant des formalités législatives, ne pouvait revivre pour renverser un acte qui n'était plus de son domaine. [2]

Comme acte législatif, le testament devait être conçu dans la
langue qui seule était en usage dans les assemblées publiques. [3]

Ce ne fut qu'alors que CARACALLA eut *imposé* le titre de citoyen
romain à tous les sujets de l'empire, que la langue latine cessa
d'être la seule dont on pût se servir dans les actes de cette nature. [4]

Il importait de plus qu'il fût conçu en termes de *commandement
impératifs* et *directs*. Comme le testament devait perdre tout ce
qu'il avait d'individuel, pour ne témoigner que de la puissance de

---

[1] *Dicat testator et erit lex.* Nov. 22, chap. 2. L. 130, *ff. de verb. signif.*

[2] CICERO, *Pro domo sua, cap.* 13 et 14. AULUS GELLIUS, V, 19; XV, 27. GANS, *das
Erbrecht in weltgeschichtlicher Entwicklung*, t. 2, p. 49 à 69.

[3] ULP., *Fragm.*, 25, 9. L. 8, §. 4, *ff. de acceptil.*

[4] L. 17, *ff. de statu hominum.* L. 21, §. 4, C. *de testamentis.*

la loi, il importait d'en bannir tout ce qui faisait ressortir la volonté
du testateur. Le terme le plus énergique était celui de *Titius heres
esto ;* on rejetait ceux *Filium heredem esse volo, instituo, jubeo.*[1]

L'institution d'héritier était nécessaire, puisqu'ayant la volonté de
déroger à la loi générale, le testateur devait dénommer la personne
sur laquelle il voulait que ses biens retombassent. Pareille institution
devait même précéder les legs renfermés dans un testament. Justinien
abolit cette dernière condition.[2]

Il fallait la capacité de concourir à l'exercice de la puissance légis-
lative, c'est-à-dire, être citoyen romain, père de famille, pubère,
pour pouvoir tester.[3]

Le fils de famille ne pouvait le faire ; pareille incapacité pesait sur
l'épouse, qui était sous la puissance de son mari (*si in manus viri
conveniebat*) : ses rapports vis-à-vis de son époux n'étaient autres
que ceux de fille de famille, et vis-à-vis de ses enfans ils se réduisaient
à ceux d'une sœur (*consanguinea*).[4]

Numa accorda aux vestales le droit de faire un testament.[5]

Plus tard, ce bénéfice fut étendu aux femmes pubères non mariées,
et lorsque les modes solennels du mariage eurent disparu pour faire
place aux simples *nuptiæ*, cette faculté fut aussi partagée par les
femmes mariées.[6]

---

1 Caii *Inst. de testam. ordin.* §. 7. *Inst. de hered. instit.* L. 29, *C. de testam.*

2 Ulpien, *Fragm.*, 1, 20. Ibid., *Fragm.* 22, §. 4. L. 7, *ff. de reg. jur.* §. 34.
Inst. de legatis.

3 On pouvait ne pas l'être pour recevoir par testament, témoin l'institution d'un esclave. L'étranger ne pouvait ni tester ni recevoir par testament.
L. 31 et 32, *ff. de jure fisc.* Le seul fait d'avoir disposé par acte de dernière
volonté était un de ceux par lesquels on prouvait qu'une personne jouissait de
la qualité de citoyen romain. Cicero, *Pro Archia,* §. 5, *et Pro domo sua.*

4 Caii *Instit. qui in manu sunt,* §. 110 à 113. Heinecc., *Antiq. rom.*, liv. II,
tit. X à XII. *De testam. ordin.* L. 6, *ff. qui testam. facere poss.*

5 Plut., *in Numa.* Caii *Inst. de tutelis,* §. 145.

6 Elles ne pouvaient tester que lorsqu'elles y avaient été autorisées par leurs

Testament militaire. A cause des solennités qu'il demandait, le testament ne pouvait être fait que dans la cité; mais Rome, ne trouvant sa paix que dans la guerre, a dû prévoir le cas où ses citoyens, éloignés de leurs foyers, se trouveraient privés de cette faculté.

Le testament militaire fut créé (*testamentum in procinctu*). Il n'exigeait d'autre condition que celle que, déjà revêtu de ses armes (*cum cinctu gabino*) et en présence de l'ennemi[1], le testateur proclamât son héritier devant quatre témoins.

Ce mode de tester disparut alors que les Romains cessèrent de consulter les augures sur le gain d'une bataille, et l'on finit par accorder la faculté de tester au soldat, par le seul fait qu'il était hors des camps.[2]

Lorsque la république se fut perdue dans l'empire, et que ses chefs, ne trouvant plus leur salut dans la loi, le cherchèrent dans le déchaînement de leur toute-puissance (*princeps legibus est solutus, l. 31, ff. de legibus*), il fallait, pour soutenir leur tyrannie militaire, faire partager le bénéfice de leur position à ceux qui seuls l'appuyaient de leur force. Les formalités qui entouraient le testament du soldat, et les autres conditions auxquelles sa validité était subordonnée, ne furent plus d'aucune valeur; la simple volonté (*nuda voluntas*) les rendait parfaits.[3]

Ce bénéfice de tester militairement fut étendu à ceux qui étaient employés dans les armées et à ceux qui avaient péri en pays ennemi.[4]

---

tuteurs; autorisation dont l'effet dépendait encore de la qualité du tuteur. Caii Inst. de tutelis, §. 192; Ibid., §. 122, *De testam. ordin.* La tutelle perpétuelle des femmes disparut sous Justinien.

1 Plut., in Cor. V. Patere. l. 2, §. 5. Liv., Hist. VIII, 9 et 10; X, 7 et 28.

2 Cicero, De natura deorum. l. 2, cap. 8. L. 17, C. de testam. mil.

3 L. 40, ff., de test. mil. L. 15, C. eod.

4 L. 1, ff., de test. mil. L. 44, ibid. La loi unique, ff. de bon. possess. test. mil., assimile aux soldats les matelots et les rameurs qui servaient l'État dans les flottes.

Le prisonnier de guerre ne pouvait faire de testament, celui qu'il avait fait antérieurement à sa captivité était frappé de nullité. Il n'y avait que le Droit de retour (*jus postliminii*) qui pût lui rendre sa force. La loi Cornelia valida ces deux testamens, en présumant le captif libre à l'instant où il venait de mourir. [1]

Testamentum per æs et libram. Le mode de tester sous l'assentiment du peuple se maintint aussi long-temps que le Romain, ne perdant jamais de vue, dans ses expéditions, les murailles de sa cité, conservait avec le dépôt des traditions antiques cette virilité et cette jeunesse dans les mœurs, que n'avait pas encore flétries le contact avec l'étranger. L'agrandissement si colossal de la république romaine, tout en étendant l'horizon de sa puissance, le resserra d'un autre côté, en ce que sa conséquence immédiate ne pouvait être autre que celle de pervertir les mœurs. Déjà du temps des décemvirs les citoyens ne pouvaient plus se faire à l'idée de subordonner leur volonté individuelle à la volonté générale : on demandait une plus grande liberté dans la faculté de tester.

Forcée dans les premiers temps à ne trouver de refuge que dans l'observation de formalités rigoureuses, la volonté individuelle se vengea de la forme en l'étouffant. Le testament *per æs et libram* posa en principe que le libre arbitre de l'individu était tout, *pater-familias uti* LEGASSIT *ita jus esto* [2]. Les liens qui resserraient les familles étant déchirés, les successions *ab intestat* durent être méprisées, et du droit arbitraire d'instituer un héritier il devait résulter celui de priver une autre personne de cette qualité, c'est-à-dire de passer sous silence *l'héritier sien.*

Deux formalités principales devaient concourir à la confection du testament, formalités qui, bien qu'établies pour ne plus témoigner

---

1 L. 10, *ff.* §. 1, *de capt. et postlim.* JULII PAULI *Recept. sentent.*, 3, 4, §. 8.
2 L. 120, *ff. de reg. juris.*

que de la seule volonté du testateur, rappelaient néanmoins encore l'ancien système sur les successions.

1. La *mancipation*. Pour ne pas déroger aux anciennes institutions de Rome d'une manière qui ressemblât au mépris, et pour ne pas dire en même temps en termes exprès, que la volonté du testateur faisait loi indépendamment des formalités que la loi elle-même avait prescrites, on imagina de couvrir le testament du voile d'une vente, par laquelle le testateur transférait à son héritier, et sa fortune et sa famille : comme vente, les rapports entre le testateur et son héritier n'étaient autres que ceux qui existent entre le stipulant et le promettant, et la volonté du testateur était toujours flottante, jusqu'à ce que l'héritier eût adhéré à ses propositions. Comme vente, chaque citoyen pouvait le faire, et il n'y avait non plus que le citoyen romain qui pût en remplir les formalités. C'est là, en général, le sens qu'il convient de donner à la formule de la mancipation :

« *Familiam pecuniamve tuam endo mandatam tutelam custo-*
« *diamque meam (recipio eaque), quo tu jure testamentum facere*
« *possis, secundum legem publicam, hoc aere æneaque libra, esto*
« *mihi emta.* »

2. La *nuncupation*. Ce n'était autre chose que la volonté dans toute sa largeur; elle suivait la mancipation, pour témoigner que celle-ci n'était qu'une formalité vaine. Elle était conçue en ces termes :

« *Hæc uti in his tabulis cerisve scripta sunt, ita do, ita lego,*
« *ita testor, itaque vos Quirites testimonium mihi perhibitote.* [1] »

Les autres formalités étaient celles de la vente (réelle, et plus tard fictive [2]) que le testateur faisait de son bien à son héritier (postérieurement à une personne qui le représentait), le tout en présence de cinq témoins, du *familiæ emtor* (plus tard *antestatus*) et d'un *libripens*.

---

1 Caïi *Institut. de testam. ordin.* (edit. Gæschen).

2 Ulp., *Fragm.*, 20, §. 15. Caius, *De testam. ordin. Inst. de test. ordin.*, §. 1.

Les cinq témoins, représentant dans l'origine les cinq classes du peuple romain, devaient être citoyens romains et ne pas se trouver sous la puissance ou du testateur ou de l'héritier : *reprobatum est in ea re domesticum testimonium.*

L'écriture de ce testament pouvait émaner d'une personne autre que le testateur. On appelait le plus souvent les jurisconsultes à la rédaction de pareils actes. [1]

Il ne sera pas inutile de jeter un dernier coup d'œil sur l'étendue de la révolution que subirent les lois sur cette matière; la meilleure manière de mesurer la distance qui sépare ces deux actes, sera de mettre l'une à côté de l'autre les formules dont on les revêtait. Celle du testament *calatis comitiis*, portait : « *Velitis jubeatis Qui-* « *rites uti* L. TITIUS L. VALERIO *tum jure legeque heres sibi sit* « *quam si filius ejus familias proximus agnatus esset, hæc ita ut* « *dixi vos Quirites rogo.* [2] »

Nous connaissons celles du testament *per æs et libram.*

Le testateur *calatis comitiis* suppliait le peuple, qui seul était législateur; celui *per æs et libram* n'invoquait les témoins que pour qu'ils attestassent que telle avait été sa volonté : le testament perdit sa qualité de loi publique proprement dite, pour ne plus embrasser que les foyers domestiques.

Substitutions. La faveur toujours croissante qui entourait les testamens, donna naissance aux substitutions, qui devaient empêcher qu'une personne ne mourût sans héritier testamentaire. L'étendue de la puissance paternelle créa la substitution pupillaire, à laquelle JUSTINIEN ajouta la substitution *quasi-pupillaire* ou *exemplaire.*

L'extension démesurée donnée à la faculté de tester devait nécessairement entraîner une lutte entre les droits de la famille et ceux de l'individu ; chacun de ces deux systèmes étant intéressé à anéantir

---

1 L. 88, §. 17, *ff. de legat.*, 2. CICERO, *De oratore*, II, 6.
2 CAII *Inst. de testam. ordin.*, §. 104.

2

l'autre, il ne pouvait exister rien de commun entre les successions *ab intestat* et le testament: c'eût donc été en pure perte (*absurdum*) qu'une personne eût voulu se voir succéder tant par le testament que par la loi.[1]

Si la roideur de ce principe se mitigea sous l'empire, ce ne fut, comme déjà nous l'avons vu et comme nous le verrons tout à l'heure, que la suite de la faveur dont les empereurs étaient contraints d'entourer l'état militaire [2], et celle du déclin de la faculté de tester elle-même, qui se rencontre pour la première fois lors de la création de la *plainte d'inofficiosité;* seul cas dans lequel fléchit la maxime *nemo pro parte testatus et intestatus decedere potest.*[3]

L'héritier institué, continuant la personne du défunt, recueillait toujours tout ce dont le testateur n'avait pas disposé.

Bonorum possessio secundum tabulas et *Testament Prétorien.* La rigueur dans l'observation des formalités fut adoucie par le Préteur : il suffit, pour qu'une personne fût admise à hériter des biens du défunt, que le testament qui la gratifiait se trouvât revêtu de la signature de sept témoins. Il n'y avait plus d'indispensable que la nuncupation ; la mancipation était mise de côté, s'il s'y trouvait une nullité.

« *Si de hereditate ambigetur et tabulæ testamenti obsignatæ*
« *non minus multis signis quam e lege oportet ad me proferentur :*
« *secundum tabulas testamenti potissimum hereditatem dato.* [4] »

Mais ce n'était pas comme héritier que l'institué acquérait la succession du défunt, *nam heredes prætor facere non potest* [5], il

---

1 CICERO, *De inventione*, II, cap. 21. L. 7, *ff. de regulis juris.* L. 39, *ff. de acq. vel omitt. hered.*

2 L. 1, *D. de milit. testam.*

3 L. 16, *ff. de inoff. testam.*

4 Cet édit était antérieur au temps de CICÉRON, puisqu'il est dit au même endroit, *Hoc translatitium est.* CICERO *in Verrem, l.* 1, *cap.* 45. CAII *Inst. de test. ordin.*

5 CAII *Inst.*, *de bon. possess.*

ne succédait qu'en vertu de la possession des biens *secundum ta-bulas*, qui le reléguait dans la classe des simples possesseurs.

Cet envoi en possession, accordé dans les premiers temps au seul cas où il n'y avait pas d'héritiers légitimes, finit sous Antonin le Pieux par être accordé en tous cas à l'héritier testamentaire, qui alors repoussait l'héritier légitime au moyen de l'exception du dol.[1]

Il n'y eut toujours, comme le dit ULPIEN[2], qu'un seul mode de tester, c'est-à-dire, le testament *per æs et libram*; le testament Prétorien, n'étant pas un testament dans la rigueur de l'acception, ne pouvait en augmenter le nombre.

L'excès porte en lui-même l'élément qui le tue ; la puissance de Rome se déserra pour avoir voulu mettre le monde entier en tutelle, en s'investissant seule de tous ses droits; à son exemple, la puissance du père de famille, et en général celle du testateur, durent trouver des limites pour cela seul qu'elles n'avaient pas voulu en reconnaître.

La loi *Furia*[3] défendit au testateur de ne plus laisser à l'institué que le vain nom d'héritier; elle voulut de plus que le legs ne dépassât plus la valeur de mille as. Cette loi fut éludée par des subtilités.

La loi *Voconia* défendit au légataire d'avoir dans la succession une part plus considérable que ne l'était celle de l'héritier institué. Cette loi n'ayant non plus rempli son objet, l'on rendit la loi *Falcidia*, qui donnait à l'héritier le droit de prélever sur les legs le quart de la portion pour laquelle il avait été institué.

Les mêmes restrictions furent apposées à la puissance du testateur à l'égard des héritiers siens.

La Plainte d'Inofficiosité fut créée en même temps que par ses différens édits possessoires le Préteur minait sourdement les anciennes

---

1 CAII *Inst. de test. ordin.*, §. 120.
2 ULP., *Fragm.*, 20, §. 2.
3 CAII *Inst. de lege falcidia.*

institutions sur les successions *ab intestat*. La loi civile voulut que le testateur instituât ou exhérédât nommément et expressément ceux de ses fils qui étaient sous sa puissance[1]. Le préteur voulut que cette disposition fût étendue aux émancipés. La loi Falcidia s'étendit sur les descendans du testateur, et sous le titre de *Légitime* le père de famille fut obligé à leur laisser une portion égale à celle qui était due à l'héritier testamentaire étranger. JUSTINIEN alla encore plus loin, il gradua cette légitime sur le nombre des enfans du testateur, et voulut que cette quôte leur fût laissée à titre *d'héritier*[2]. La Novelle 115 mit le comble à la diminution de la puissance du père; en ce qu'elle lui traça le cercle dans lequel étaient compris les cas susceptibles de motiver l'exhérédation. La plainte d'inofficiosité donna encore naissance à l'admission de plusieurs causes de nullité des testamens, comme étant *captatoires*, *pœnæ nomine*, etc.[3]

L'introduction des pécules affranchit le fils de la puissance de son père, en ce que par rapport à eux il était considéré comme père de famille.[4]

Fidéicommis. Ainsi que nous l'avons déjà vu, les diverses restrictions ne furent souvent qu'un aliment de fraude. La loi Voconia était aussi une loi somptuaire : elle défendait à celui qui avait une fortune de plus de cent mille sesterces, d'instituer sa fille ou sa femme héritière pour une part qui en dépassait le quart, ou de laisser sa succession *ab intestat* à une femme autre qu'à une consanguine.

---

1 L. 4, *C. de liber. prœter.* ULP., *Fragm.*, 22, 16.

2 Nov. 118.

3 L. 64, *ff. de legat.*, 1. §. *ult. Inst. de legatis.* ULP., *Fragm.*, 24, 17.

4 L. 11, *ff. de castrensi peculio.* C'est à tort qu'ULPIEN, *l.* 20, §. 10, *de testam.*, attribue à Marc-Aurèle la concession de ce droit; il y a toute apparence qu'il fut accordé par les premiers Césars, car on en lit déjà dans JUVÉNAL, satire XVI : *Solis prœterea militibus jus testandi datur, vivo patre. L.* 14, *De adv. div. jud.* Cette loi peut être considérée comme le résumé du discours de CICÉRON *pro Murena.* Nov. 123, chap. 19. L. 7, *C. de bonis quæ liberis.*

Cette loi, et la nécessité dans laquelle se trouvait le testateur de subordonner ses dispositions à l'accomplissement de certaines formalités, engendrèrent les *fidéicommis*. En instituant un héritier, le testateur le *priait* de remettre la succession à une personne tierce qu'il lui désignait; pareille conjonction n'étant pas faite par paroles de commandement, l'héritier institué avait le choix ou d'y déférer, ou de la mépriser. [1]

AUGUSTE rendit les fidéicommis obligatoires, et la forme de prière dans laquelle ils étaient conçus disparut alors que CONSTANTIN abolit les termes sacramentels que la loi exigeait pour la validité des actes. [2]

Codicilles. La force légale qu'AUGUSTE avait donnée au fidéicommis introduisit un nouveau mode de tester, ce fut celui résultant d'un codicille, ou d'une lettre [3] que le testateur écrivait à son héritier, pour que celui-ci exécutât les volontés qu'elle renfermait.

Dans l'origine tout codicille devait être confirmé par testament, Ce ne fut que sous Théodose qu'il acquit une existence séparée et qu'ainsi des formalités particulières lui furent imposées : il demandait l'assistance de cinq témoins présens à l'écriture du testament, ou à sa nuncupation lorsqu'il avait été fait de vive voix, et au premier cas, il requérait de plus la signature des témoins. [4]

---

1 ULP., *Fragm.*, 24 et 25 , §. 1. Avant de quitter le territoire romain, les citoyens étaient dans l'usage de faire leur testament, de crainte de ne trouver dans les provinces les témoins nécessaires à la validité de cet acte. C'est ce qui avait fait dire à OVIDE, *Trist.*, *l.* 3, *eleg.* 3 :

Nec mandata dabo? nec cum clamore supremo
Habentes oculos condet amica manus.

S'il venait une autre idée au testateur sur ce qu'il avait disposé dans son testament, il le changeait par une lettre qu'il écrivait à son héritier ; de là la forme épistolaire qui était donnée à ces actes. L. 56, *ff. de fideic. libert.*

2 *L.* 15, *C. de testament.*

3 *L.* 56, *ff. de fideic. libert.* L. 37, *ff. de leg.* 3. PLINII *Epist.*, *l.* 2, *ep.* 16.

4 *L.* 1, *Cod. Theod. de testam. et codic.* L. *ult.*, §. 3, *C. de codic.*

Le caractère principal qui sépare le testament du codicille résulte de la manière de laquelle ces deux actes étaient conçus ; le testament était une loi, le codicille, au contraire, ne pouvait être qu'une *prière ;* l'institution d'héritier, ni l'exhérédation ne pouvaient y être comprises, plus tard, il fut permis d'y insérer des legs ; le fidéicommis par contre y avait sa place véritable, et c'est en s'aidant de lui que la *clause codicillaire* maintenait un testament vicié dans sa forme. [1]

Ce sont là les différentes manières de tester qui traversèrent et la république et l'empire jusqu'aux temps où Honorius et Théodose commencèrent le travail qui ne fut achevé que par Justinien. Des nouvelles formes de tester surgirent de cette refonte générale de la législation, formes mélangées des différentes manières de tester reçues autrefois dans l'empire.

Les testamens furent alors distingués en *publics* et *privés*, et selon que le testateur les prononçait de vive voix ou qu'il les consignait par écrit, on les comprenait encore sous le nom de *nuncupatifs* et d'*écrits*.

Le testament public exigeait pour toute solennité, qu'il fût fait en présence du prince ou du magistrat, ou qu'il fût présenté à l'un d'eux. [2]

Le testament privé, lorsqu'il était nuncupatif, exigeait que le testateur le prononçât en présence de sept témoins[3]; lorsqu'il était écrit, il demandait à être revêtu de la signature et des cachets de sept témoins. Le testateur n'était pas obligé à le signer, lorsque lui-même

---

1 Les lois romaines varient sur la question de savoir si la clause codicillaire doit être expressément relatée ou si on peut la suppléer. La L. 88, §. *ult.*, *ff. de leg.* 2, permet de la sous-entendre, tandis que la L. 41, §. 3, *ff. de vulg. et pup. subs.* 1, veut qu'on l'exprime.

2 L. 19, *C. de testam.*

3 L. 21, §. 2, *C. de testam. L.* 26, *Cod.*

l'avait écrit; mais cette formalité était nécessaire lorsque l'écriture était de la main d'une autre personne, et la présence d'un huitième témoin était requise lorsque le testateur ne pouvait le faire. [1]

Les témoins pouvaient signer sans avoir connaissance du contenu du testament; de là la faculté donnée au testateur, et cela qu'il testât de vive voix ou par écrit, de se dispenser d'annoncer aux témoins le nom de son héritier [2], se réservant de le faire connaître par un acte autre que son testament [3], et de là encore le pouvoir d'instituer des personnes incertaines.

Les formalités particulières à ces testamens étaient l'unité de l'acte, et la réquisition des témoins, de même que leur idonéité; il fallait de plus que les témoins vissent le testateur, et qu'également ce dernier les vît. [4]

Il y eut encore des testamens privilégiés, entre autres:

1.° Le testament militaire;

2.° Le testament fait par les parens en faveur de leurs enfans [5];

3.° Celui fait à la campagne [6];

4.° Celui fait en temps de peste. [7]

Par une fausse interprétation de la loi romaine on rangeait encore dans cette dernière classe le *testament postérieur imparfait*, qui comprenait les héritiers légitimes omis dans le premier testament.

Pareil acte, lorsqu'il avait été muni de la signature de cinq té-

---

1 L. 21, 28, §. 1, 29, *C. de testam.*

2 L. 29, *C. de testam. Nov.* 119.

3 L. 77, *C. de hered. instit.* L. 10, *ff. de condit. institut.*

4 §. 27, *Inst. de legatis.* L. 11, *C. de hered. instit.* Le testament de l'aveugle demandait l'assistance d'un huitième témoin, chargé de la lecture du testament au testateur et aux témoins, lorsqu'il avait été écrit auparavant, ou de l'écrire sous la dictée du testateur.

5 L. 21, *C. de testam.*

6 L. ult., *C. de testam.*

7 L. 8, *C. de testam.*

moins, n'était tout au contraire qu'un codicille, avec la seule particu-
larité que la circonstance de l'institution des héritiers légitimes lui
donnait la force de frapper le premier testament de nullité; la loi
romaine dit très-bien : *Non quasi* testamentum, *sed quasi volun-
tatem ultimam* intestati *valere sancimus.*[1]

---

1 *L.* 21, §. 3, *C. de testam.*

LÉGISLATION FRANÇAISE.

DROIT ANCIEN.

Ce qui avait été établi par la conquête, fut aussi détruit par elle.

L'épée du Germain, triomphant de l'empire, déchira cette unifor-mité de système dont Rome avait enveloppé les pays qui subissaient sa puissance.

La personnalité et la distinction des races naquirent de l'invasion.

Le nord des Gaules, servant sans cesse de théâtre aux combats des nations qui se succédaient pour envahir son territoire, perdit jusqu'au souvenir les lois que Rome lui avait données; lois qui du reste n'avaient pas pris pied aussi solidement que dans le midi : il perdit, et cela par les mêmes causes, les institutions qui avaient suivi de la Germanie les vainqueurs primitifs; la personnalité et les lois nationales firent place aux lois territoriales, et la féodalité surgit des ruines des lois romaines et des libertés barbares. La coutume et le privilége les remplaça.

Le midi des Gaules resta fidèle à la législation romaine; ses vain-queurs, moins nombreux et pressés de tout côté par la population romaine, finirent par se plier au joug de la loi générale du pays.

Telle fut l'origine de la législation contumière et de celle du Droit écrit. [1]

Droit écrit. Dans les pays de Droit écrit les testamens durent se régler sur les différentes phases que la législation romaine avait

---

[1] Guizot, Essais sur l'histoire de France, p. 71 à 73. Cours d'histoire moderne, tit. 1.er, p. 5 à 8. Voy. au surplus Fleury, Précis historique du Droit français, p. 47 et 48, 67 à 69 (édit. 1826). Montesquieu, Esprit des lois, liv. 28, chap. 4. Capitul. Caroli Calvi. Edictum Pitense. T. 2.

éprouvées[1]. Son dernier état fut celui de la législation de Justinien, modifiée par diverses ordonnances, dont les principales furent : celle de Moulins (art. 54), qui voulut qu'il fût passé acte devant notaire de toute somme excédant cent livres. Tout testament dut dès-lors être écrit. L'ordonnance de 1539 (art. 11) prescrivit que tous les testamens fussent écrits en langue maternelle : cette même ordonnance, ainsi que celle d'Orléans de 1560 (art. 4) et celle de Blois de 1579 (art. 165 et 166) abolirent la formalité des seings et des sceaux, formalité déjà proscrite par la Novelle 42 de l'empereur Léon. Enfin l'ordonnance de 1735 régla en définitive tant les testamens en pays de Droit écrit que ceux en pays coutumier. Celle de 1747 s'occupa des fidéicommis.

Droit coutumier. Le grand mobile de la législation romaine se puisait dans la puissance qu'elle avait concentrée dans la personne du père de famille, et qui plaçait tout ce qui lui appartenait dans une classe bien différente de celle qui comprenait les biens des étrangers.

Dans les pays coutumiers ce n'était plus parce qu'un bien appartenait à tel individu, qu'il jouissait de tel privilége ou que telle charge pesait sur lui, l'état des personnes dans ces contrées était au contraire déterminé et entraîné par celui des terres. La féodalité, dont la force était bien plus intense dans ces pays qu'elle ne l'avait été dans les pays de Droit écrit, où le propriétaire ne tenait ses biens que de Dieu et de son épée, demandait que les biens fussent maintenus dans les familles, et que chaque terre reconnaissant un seigneur et un vassal, revînt au seigneur par droit de *déshérence* lorsque le vassal était mort sans laisser de successibles : *Dieu seul, et non la volonté de l'homme, fait les héritiers ; la*

---

1 Dans l'ouvrage du président Baisson, *De formulis et solennibus populi romani*, *lib. VII*, l'on trouve diverses formules de testamens, dont les unes sont faites d'après le Droit prétorien, et d'autres d'après le Code théodosien.

mort saisit le vif [1]. Les successions légitimes durent l'emporter sur le testament. [2]

La succession romaine ne formait qu'une seule masse homogène, le père de famille ayant le droit absolu d'user et d'abuser de sa propriété, lorsqu'il avait rempli les devoirs que lui imposait la loi, le niveau de l'égalité devait passer sur tout ce dont se composait son patrimoine. La puissance paternelle étant en outre exorbitante, il n'y avait rien de plus sacré que la volonté du mourant.

Dans les pays coutumiers les droits du propriétaire et du testateur étaient restreints par les différentes classes dans lesquelles les biens avaient été enveloppés par la féodalité. La distinction des biens en biens nobles et en biens roturiers, en propres et en acquêts, les différentes réserves et les retraits, rangeaient bien souvent le propriétaire dans la classe du simple usufruitier.

De pareilles institutions n'étaient pas faites pour donner de l'énergie à la puissance paternelle, qui, bien souvent contrariée dans ses affections, ne fut plus que l'ombre de ce qu'elle était dans les pays de Droit écrit : *Droit de puissance paternelle n'a lieu* [3]. Un pareil

---

1 GLANVILLE, cité par DE LAURIÈRE sur l'article 299, Cout. de Paris, et sur les règles de Droit de LOISEL, liv. 2, tit. 4, règle 5.

2 La féodalité, d'origine germanique, n'avait pas admis les testamens dans les premiers temps. Il ne fut pas même permis de disposer par acte entre-vifs : *Ohne der Erben Laub mag kein Mann sein eigen Gut noch seine Leut vergeben ;* et ce fut au clergé, qui y voyait une source de bénéfices, qu'ils durent leur introduction. HEINECC., *Elem. jur. Germ.*, liv. 2, tit. VI, §. 158, 162 et 163; tit. VII, §. 185 et 187.

La féodalité normande restreignit la faculté de tester, qui était le Droit commun des successions anglaises; Henri II la réduisit aux meubles, et l'étendue en fut graduée sur la qualité des héritiers que laissait le testateur. Le statut de Henri VIII fut le premier qui autorisa les legs d'une quotité d'immeubles; sous Charles II, où tout se desserra, la faculté de disposer des immeubles fut admise sans restriction. BLACKST., *Comment.*, liv. 2, chap. 32, et liv. 2, ch. 23.

3 Sect. 1.re, t. 1.er, art. 36, Inst. cout. par LOISEL. MORNAC, t. 47, *de patria potestate.*

pouvoir, étant réduit à si peu de chose, devait nécessairement descendre dans la tombe avec celui qui en était investi. Cette unité de pouvoir dans la personne du père sur tout ce qui végétait sous sa tutelle, et se perpétuant encore dans la personne du fils au point de ne lui laisser la succession que comme une simple continuation de possession à laquelle il ne pouvait se soustraire, n'existait et ne pouvait exister dans les pays de Coutume. *Il n'est nuls hoires nécessaires ; n'est héritier qui ne veut.* [1]

Dans les pays coutumiers les héritiers naissaient et ne s'instituaient pas ; le titre d'héritier légitime devait être indélébile, le défunt eût-il transporté sur la tête d'une autre personne tous les droits dont il pouvait disposer, il n'était néanmoins pas en son pouvoir de ravir le titre d'héritier à la personne qui par sa parenté lui tenait de plus près.

Les successions légitimes étant la règle, et le testament n'en étant que l'exception, le titre d'héritier de plus ne pouvant être transporté à une personne tierce, *l'institution d'héritier* ne devait pas être la base du testament, et en pays de Droit écrit pareil acte ne pouvait prétendre qu'à la qualité de codicille : *Institution d'héritier n'a point de lieu ; entre codicille et testament n'y a point de différence.* [2]

Pareille défaveur s'étendait à tout ce qui dans les familles devait perpétuer les dispositions testamentaires : c'est ainsi que les Coutumes proscrivirent les fidéicommis testamentaires [3], tandis qu'elles admettaient avec faveur les institutions et les substitutions contractuelles.

Ainsi privés de l'importance dont ils jouissaient dans la législation romaine, ne pouvant plus décider du sort des familles, les testamens

---

1 Tit. 1.ᵉʳ, art. 2 , Loisel, Inst. cout. Art. 1.ᵉʳ, Cout. d'Artois.

2 L. 2, tit. 4, art. 1.ᵉʳ et 5 , Loisel.

3 *Le fidéicommis* était odieux dans la législation coutumière. Voyez ce qu'en dit Dumoulin, Cons. 51.

ne durent de bien loin être entourés des formalités multiples que leur validité demandait dans les pays de Droit écrit.

Il n'y eut que deux manières de tester.

L'une, la plus simple et la plus naturelle qui ait existé, le *testament olographe*, qui exigeait pour toute formalité d'avoir été écrit de la main du testateur, et d'être revêtu de sa date et de sa signature. Ce testament est encore un monument de la législation théodosienne. [1]

La seconde manière de disposer était celle par testament nuncupatif, qui demandait à être fait en présence de deux notaires, ou d'un notaire assisté de deux témoins.

Plus tard l'ordonnance de Blois (art. 53) et celle d'Orléans (art. 27) donnèrent aux curés le pouvoir de procéder à la confection des testamens.

Ces trois modes de tester reçurent leur sanction par l'ordonnance de 1735.

Les principaux points qui réunissaient la législation des pays de Droit écrit et de ceux de Coutume consistaient en ce que :

1.º Les causes de nullité des testamens et celles d'exhérédation étaient les mêmes ;

2.º Que l'institution contractuelle fut adoptée dans les pays de Droit écrit ;

3.º Qu'il fallait être Français pour avoir la capacité de tester ; et qu'il fallait pareillement l'être pour avoir celle de succéder.

---

1 Nov. 4, C. Théod. Cette Novelle n'exigeait pas que le testament fût daté ; l'obligation de dater le testament n'a été établie d'une manière positive que par l'ordonnance de 1735. Voyez RICARD, Des donations, à l'article *Testament olographe.*

LÉGISLATION INTERMÉDIAIRE.

Il suffira pour l'intelligence de cette rubrique de mentionner les différentes lois qui ont été rendues sur cette matière.

Le décret du 7 Mars 1793 interdit la faculté d'instituer les héritiers en ligne directe; la loi du 5 Brumaire an II interdit cette faculté même en ligne collatérale. La loi de Nivôse adopta le même système, en autorisant néanmoins le testateur à disposer du *dixième* de son bien en ligne directe et du *sixième* en collatérale, mais seulement en faveur de non successibles. Il n'y avait alors plus que des successions *ab intestat.*

La loi du 4 Germinal an VIII donna plus d'étendue à la faculté de disposer, sans néanmoins rétablir l'institution d'héritier.

L'esprit dans lequel ces différens actes législatifs furent rendus se décèle par la seule énumération que nous en avons faite : c'était d'une part une époque de nivellement, de l'autre de reconstruction, dissidence qui n'a été neutralisée que par la réunion des lois dans un seul Code.

LÉGISLATION ACTUELLE.

Pour imprimer le caractère de stabilité au monument de législation qu'on venait d'élever, il était nécessaire de le mélanger de l'esprit des différentes lois qui avaient passé sur le sol Français, de rallier ainsi le passé au présent et le présent à l'avenir.

Le régime féodal ayant disparu, et tous les Français ayant été déclarés égaux devant la loi, la condition des personnes a dû réfléchir sur celle des biens; à l'exemple de la législation romaine il n'y a plus dans une succession qu'une seule masse homogène [1]; les restrictions que la loi a opposées à la liberté des dispositions frappent toute l'hoirie.

---

1 Art. 732, C. civ.

D'un autre côté le législateur a adopté le principe des lois coutumières, en ce qu'à l'instant même de la mort d'une personne il investit son héritier légitime de tous ses droits et charges [1]. L'héritier institué doit demander au légitimaire la délivrance des biens compris dans le testament; il n'y a d'excepté que le cas où il ne se trouverait pas d'héritiers à réserve, le légataire universel est dispensé dans ce cas d'une pareille demande en délivrance, la loi alors l'investit de plein droit des choses dont un testateur l'a gratifié. [2]

Le Code ne reconnaît plus que deux manières de disposer à titre gratuit, la donation et le testament [3]. La loi, d'un autre côté, ne tient compte que de la substance d'un acte; aucune dénomination n'est proscrite par elle, il suffit qu'il soit tel qu'on puisse le ranger sous l'une des deux rubriques.

Quant à ce qui a trait à la capacité du disposant, le Code s'est éloigné du pouvoir à la fois prolixe et restreint des deux législations romaine et coutumière; il a arraché des mains du père de famille romain ce pouvoir surnaturel qui, résidant tout entier dans le droit du plus fort, excluait pour cela les sentimens d'amour et d'affection dans lesquels seuls doivent se trouver les germes de ce noble patronage; en même temps il a restitué au père de famille des pays coutumiers l'autorité que les institutions de la féodalité lui avaient ravie.

« Toutes personnes peuvent disposer et recevoir, excepté celles « que la loi en déclare incapables. [4] » Il suffit pour pouvoir tester que le testateur ait l'âge requis, qu'il soit sain d'esprit, et qu'une condamnation emportant la mort civile ne l'ait entaché; il suffit que pour recevoir le légataire ne soit pas dans la classe des personnes énumérées dans les articles 25, 907 à 909 et 911 du Code civil.

---

1 Art. 724 et 1004, C. civ.
2 Art. 1006, C. civ.
3 Art. 893, C. civ.
4 Art. 902, C. civ.

La liberté du testateur n'étant plus aussi démesurée qu'elle l'avait été sous la législation romaine, et le testament, d'un autre côté, ayant perdu ce caractère d'acte toléré qu'il avait dans les coutumes, on a dû restreindre ces cas de nullité si nombreux qu'avaient adoptés les Romains, et à leur exemple les pays de Droit écrit et de Coutume. Le défaut de capacité dans la personne du testateur doit désormais être marqué dans la loi.

La législation actuelle, en prenant pour base la belle idée, que tout testament est juste, et que les passions se taisent dans ce moment où il s'agit de mourir en paix[1], défend de demander compte aux tombeaux des volontés légalement exprimées par les mourans. Elles ont disparu de nos lois, ces causes de nullité, qui, loin de profiter à la morale publique, lui portaient l'atteinte la plus grave : l'on ne connaît plus aujourd'hui les legs faits *ab irato*[2], *denotandi causa*, ceux *faits entre concubins*[3], ou par motif *de pur caprice ;* la nullité provenant de l'allégation de la *suggestion* et de la *captation*[4] n'est non plus dans les principes du Code.

Il n'y a que deux cas dans lesquels la disposition mentale du testateur puisse faire texte pour parvenir à la nullité d'un acte de dernière volonté, ou le testateur n'était pas *sain d'esprit*, ou il a disposé sous l'influence du *dol*, de la *violence* ou de l'*erreur* (1109). Un testament pourra alors être frappé de nullité pour avoir été fait, ou par haine, ou pendant les transports de la colère, dès qu'il résulte des faits avancés que la raison du testateur avait été délirante, que,

---

1 SENECA, *De beneficiis*, IV, cap. 2.

2 Aix, 18 Janvier 1808 (SIREY, 1810, 2.ᵉ partie, p. 246). Limoges, 21 Août 1810 (SIREY, 2.ᵉ partie, p. 241).

3 Amiens, 6 Floréal an 12 (SIREY, 4, 2.ᵉ partie, page 149). Paris, 12 Janvier 1827.

4 Bruxelles, 21 Avril 1808 (SIREY, 1808, 2.ᵉ partie, p. 246). Poitiers, 27 Mai 1809 (SIREY, 1810, 2.ᵉ partie, p. 23) Grenoble, 14 Avril 1806 (SIREY, 2.ᵉ partie, p. 158).

par exemple, il n'était pas *sain d'esprit*; il en serait de même, lorsque la captation ou la suggestion portées à l'excès eussent pris la couleur du *dol*. Mais malgré la nullité qui en serait la suite inévitable, ce ne serait jamais parce qu'il y avait haine ou captation, ce ne serait que parce que ces faits étaient constitutifs de la violence, ou du dol, ou de l'altération d'esprit. [1]

C'est là le sens qu'il convient de prêter au passage de l'orateur du Gouvernement, lorsqu'il dit :

« Peut-être vaudrait-il mieux pour l'intérêt général, que cette
« source de procès ruineux et scandaleux fût tarie en déclarant que
« ces causes de nullité ne seraient pas admises ; mais alors la fraude
« et les passions auraient cru avoir dans la loi même un titre d'im-
« punité. *Les circonstances peuvent être telles que la volonté de*
« *celui qui a disposé n'a pas été libre, ou qu'il ait été entière-*
« *ment dominé par une passion injuste.* C'est la sagesse des tri-
« bunaux qui pourra seule apprécier ces faits et tenir la balance
« entre la foi due aux actes et l'intérêt des familles. [2] »

La loi du 10 Mai 1826, qui permet à *toutes* personnes de disposer en faveur *d'une autre*, à charge par cette dernière de conserver et de rendre les biens donnés, à *un* ou *plusieurs* de ses enfans nés ou à naître, jusqu'au deuxième degré inclusivement, a dérogé à l'article 896, qui avait prohibé les fidéicommis.

La substitution vulgaire a été maintenue, ainsi que la disposition par laquelle l'usufruit est donné à l'un et la nue propriété à l'autre. [3]

---

1 Angers, 27 Août 1824 (SIREY, 1824, 2.ᵉ partie, p. 321).
2 LOCRÉ, Législation civile, commerciale et criminelle de France, t. 2, p. 365.
3 Art. 898 et 899, C. civ.

DES

RÈGLES GÉNÉRALES ET PARTICULIÈRES

SUR

LA FORME DES TESTAMENS.

> Il faut éviter d'introduire ces formules scrupuleuses
> qu'on a rejetées avec raison comme une espèce de piége
> tendu aux notaires et par eux au testateur.
>
> D'AGUESS., t. IX, p. 478.

NOTIONS PRÉLIMINAIRES.

LES testamens sont *privilégiés* et *non privilégiés*, et les règles qui les dirigent sont générales et particulières.

Il y a trois manières de tester par acte non privilégié: celle par testament olographe, celle par testament par acte public et, enfin, celle par testament mystique, lesquels deux derniers testamens nous comprendrons sous la rubrique générale des testamens reçus par notaires.

Les formalités prescrites par le Code doivent être observées à peine de nullité (art. 1001, C. c.).

Tout testament doit être fait par écrit. L'on ne saurait disposer par signes ni à l'interrogat d'autrui. [1]

Tout testament doit être fait par acte séparé, daté et signé. [2]

Tout testament doit porter avec lui la preuve que les conditions auxquelles la loi a subordonné sa validité, ont été remplies. L'on ne saurait admettre des preuves extrinsèques de leur observation.

---

[1] Art. 1.er et 2, ordonnance de 1735.
[2] Art. 77, ordonnance de 1735. Art. 38, *ibid.* Art. 970 et 979 C. civ.

Par le même motif il doit porter en lui la preuve que l'intention du disposant a été de faire un acte de dernière volonté, si pareil désir n'y a pas été énoncé d'une manière spéciale. [1]

Les erreurs dans la date peuvent être corrigées et les omissions peuvent en être suppléées, toutes les fois que le testament renferme dans son sein des élémens qui suppléent à son imperfection, ou qui fixent et corrigent ce qui avait été défiguré par l'erreur [2]. Des conjectures prises en dehors de l'acte ne seraient d'aucun poids.

Ces principes, sans replique lorsqu'il s'agit des antidates, peuvent néanmoins être sans application, lorsque le testateur a daté son testament d'une époque postérieure à celle de sa confection, ou même à sa mort, pareil cas serait susceptible de frapper l'acte de nullité, alors que les circonstances seraient telles qu'on pût répéter ce que disait DUMOULIN à l'occasion du testament du conseiller Gilbert : « *Respondi non valere, quia erat doctus et tamen ponebat datam* « *posteriorem, et sic non intendebat ante testari, sed interim* « *intestatus esse.* [3] »

L'ordonnance de 1629 voulait que tous les actes et contrats fussent signés du nom de famille et non de celui des seigneuries, le tout à peine de nullité des actes. Les lois rendues pendant le cours de la révolution, quoique conçues dans un esprit tout différent, semblent rendre la sanction à cette ancienne ordonnance[4], et M. TOUL-LIER s'en appuie dans son opinion que c'est du nom de famille que

---

1 Riom, 6 Mai 1809 (Jurisp. du C. civ., t. 14, p. 99). Cour de cassation, 6 Août 1827 (SIREY, 1828, 2.ᵉ partie, p. 92). Aix, 25 Août 1825 (SIREY, 1826, 2.ᵉ partie, p. 193).

2 Cour de cass., 20 Février 1816 (SIREY, 1817, 1.ʳᵉ part., p. 44). Cour de cass., 19 Février 1818 (SIREY, 1818, p. 176). Cour de cass., 8 Juillet 1824 (DALLOZ, t. 24, p. 397). Toulouse, 12 Août 1824 (SIREY, 1825, 2.ᵉ partie, p. 381). Rouen, 23 Juillet 1825 (SIREY, 1826, 2.ᵉ partie, p. 227).

3 DUMOULIN, Cout. de Paris, art. 92 (CAR. MOL. *opera*, t. 1.ᵉʳ).

4 TOULLIER, t. 5, p. 348 et 349.

le testament doit être signé ; il se prévaut en même temps de l'exemple du testament de MASSILLON, uniquement signé par lettres initiales (+ J. B. évêque de Clermont), testament qui n'échappa à sa perte qu'au moyen d'une transaction. La jurisprudence moderne a démenti l'opinion de M. TOULLIER : le testament doit être maintenu, alors que le testateur l'aura signé du nom sous lequel il était généralement connu, et de la manière qu'il avait adoptée pour signer les actes [1]. C'est sur ces principes que la cour de cassation a confirmé l'arrêt de la cour de Pau, qui avait maintenu le testament d'un évêque signé + J. J. évêque de Bayonne. [2]

Les formalités des testamens doivent se régler sur la loi du lieu où l'acte a été passé, la règle : *locus regit actum*, est impérative pour ceux qui testent en France. [3]

I. TESTAMENS NON PRIVILÉGIÉS.

CHAPITRE I.er

Du testament olographe.

Le testament olographe est un acte écrit en entier, signé et daté de la main du testateur. [4]

---

1 Bourges, 19 Août 1824 (DALLOZ, 1825, 2.e partie, p. 62). Cour de cass., 10 Mars 1829 (Gazette des trib.).

2 Pau, 13 Juillet 1822 (SIREY, 1822, 2.e partie, p. 337). Cour de cass., 23 Mars 1824 (SIREY, 1824, 1.re partie, p. 245).

3 D'AGUESSEAU, 54.e Plaid. FURGOLE, Des testamens. RICARD, Des donations, t. 1.er, n.° 1560. Gazette des tribunaux du 25 Mai 1826.

4 Art. 28 et 38, ordonnance de 1735. C. civ., art. 970.

C'est un acte sous seing privé. [1]

D'autre part, lorsque la loi a concédé à une personne le droit de désigner ceux qui devront hériter de ses biens, lorsque de plus elle lui a permis de consigner ses dernières volontés, cette personne a dû être tirée de la classe des simples particuliers pour être érigée en officier public dans cette partie. Dès que le testament aura triomphé de l'épreuve de la vérification d'écriture, il devra, de même que le testament reçu par notaire, faire pleine foi envers et contre tous de la vérité des faits qu'il renferme; foi à laquelle il ne saurait être porté atteinte que par l'inscription en faux [2]. Sous ce double point de vue l'on pourra dire, avec la Coutume de Paris, que le testament olographe est un acte *réputé solennel.* [3]

La vérification d'écriture du testament olographe est la même que celle de tout acte sous signature privée : le juge sera libre d'admettre tel genre de preuve que son discernement lui indiquera, il pourra de même ne s'en tenir qu'à un seul. [4]

La conséquence de la nature du testament olographe est qu'on ne saurait lui appliquer la loi du 25 Ventôse an XI, d'où suivent les corollaires suivans :

1.º Le testament olographe pourra être écrit dans toute langue qu'il plaira au testateur d'employer.

2.º Il pourra être écrit sur toute espèce de papier; il serait valable encore qu'il fût consigné sur un livre de compte. [5]

3.º La date pourra être écrite en chiffres.

4.º La mention du lieu où le testament aura été fait n'aura pas besoin

1 Cour de cass., 21 Juin 1810 (SIREY, 1811, 2.ᵉ partie, p. 49).

2 MERLIN, Répertoire, au mot *Testament,* sect. 2, §. 4, art. 4. Cour de cass., 3 Sept. 1806 (*ibid*). Turin, 18 Août 1810 (SIREY, 1811, 2.ᵉ partie, p. 249). Cour de cassation, 29 Avril 1824 (SIREY, 24, p. 276).

3 Art. 289, Cout. de Paris.

4 Cour de cass., 11 Juin 1810 (SIREY, 1810, 1.ʳᵉ partie, p. 289).

5 Nîmes, 30 Juin 1810 (SIREY, 1810, 2.ᵉ partie, p. 231).

d'être relatée, et d'un autre côté l'on ne saurait soutenir que le mot date comprend à la fois le temps et le lieu où le testament à été fait. [1]

5.° Tout renvoi, toute rature, interligne, surcharge ou apostille, n'a pas besoin d'être muni de l'approbation du testateur.

Pour le plus ample développement de ce dernier paragraphe, il est essentiel de poser les principes suivans.

α. Tout ce qui est raturé doit être considéré comme non écrit, à moins qu'il ne résulte de l'acte même que la rature n'a été que le fruit de la négligence ou de la précipitation du testateur.

β. Les ratures, les interlignes et les surcharges qui se trouvent dans un testament olographe, ne sont autre chose que des circonstances de fait, dont l'appréciation est dans le domaine exclusif des tribunaux et des cours royales. (La cour de cassation ne saurait non plus entrer dans l'examen d'une vérification d'écriture dont on contesterait l'exactitude matérielle.)

Lorsqu'on considère les ratures dans le rapport qu'elles ont avec le testament, et abstraction faite des principes subséquens, il faudra distinguer :

α. Ou ces ratures sont lisibles, alors l'annulation ne porte que sur la disposition raturée. Un grand nombre de ratures néanmoins pourraient, suivant les circonstances, induire le juge à ne considérer le testament que comme un simple projet, et ainsi le frapper de nullité.

β. Ou elles ne le sont pas; le testament *pourra* dès-lors être annulé en entier. [2]

Ces généralités posées, nous allons entrer dans un examen plus spécial des trois conditions requises pour la validité du testament.

Écriture. Le testament olographe devant être, comme tout acte

[1] Agen, 18 Juin 1812. Cour de cassation, 6 Janv. 1814. Merlin, Répert., au mot *Testament*, aux addit.; Nîmes, 20 Janv. 1810 (Sirey, 1810, 2.ᵉ partie, p. 231). Art. 34 et 1328, C. civ. Art. 20, ordonnance de 1735.

[2] Voyez en général Toullier, t. 5, §. 359 à 361. Grenier, t. 1, §. 503 à 505.

de dernière volonté, l'expression de la seule volonté de son auteur, doit être aussi son seul ouvrage. Un mot écrit par une main étrangère, et qui ferait nécessairement partie de l'acte, annulerait le testament en entier.

Date. Le testament olographe fait foi par lui-même de sa date; c'est là une conséquence des principes que nous avons posés en nous occupant de la nature de ce testament. [1]

Il doit être annulé, lorsqu'il porte en lui-même la certitude que la date que le testateur lui avait donnée, est fausse. Il n'y a pas de différence entre le cas d'une date évidemment fausse et celui où aucune date ne se trouverait dans le testament.

Il en serait autrement, lorsque l'imperfection de la date ne provenait que de l'erreur; il faudrait alors recourir aux principes généraux.

Le testateur, n'étant pas tenu à l'unité de contexte, peut donner deux dates différentes à son testament, la certitude de l'époque de sa confection n'en serait pas altérée [2]. Il en est de même de la surcharge de la date, si elle était lisible. [3]

Signature. La signature du testateur doit être placée au bas de l'acte, sa place néanmoins avant ou après la date est indifférente; le Code ne l'ayant pas déterminée à peine de nullité, l'on ne saurait pas dire *que tout ce qui est après la signature n'est pas censé être dans l'acte.* [4]

La signature doit avoir la forme de seing; elle ne serait néanmoins pas nulle si elle était enclavée dans une phrase, pourvu que ce qui la précède et la suit ne soit qu'une répétition superflue de ce qui a déjà été relaté dans l'acte. [5]

---

1 Cour de cass., 29 Avril 1824 (SIREY, 1824, 1.re partie, p. 276).
2 *Idem*, 8 Juillet 1824 (DALLOZ, t. 24, p. 397).
3 *Idem*, 11 Juin 1810 (SIREY, 1810, 1.re partie, p. 289).
4 *Idem,* 9 Mai 1825 (SIREY, 1825, 1.re partie, p. 198).
5 Paris, 13 Août 1811 (SIREY, 1813, 2.e partie, p. 336). Paris, 22 Avril 1828 (Courr. des tribunaux).

Le testament est clos par l'accomplissement de ces deux dernières formalités, et d'autres dispositions ne sauraient y être ajoutées, à moins que pareillement elles ne fussent écrites, datées et signées, sans que néanmoins, au cas que l'une ou l'autre de ces formalités n'eût pas été remplie, cette nullité puisse réfléchir sur l'acte entier. Toute disposition accessoire est un second testament.

Ce principe néanmoins a été modifié par la jurisprudence moderne. On distingue aujourd'hui (alors que le testateur a signé les dispositions accessoires) entre celles qui ont un objet séparé de l'acte principal, dont par conséquent les circonstances combinées ne conduisent pas à la preuve que la date de l'acte principal dût leur être appliquée, et celles qui ne font qu'interpréter l'acte principal, ou qui ont pour objet des dons simples, naturels, d'une modique valeur, tous tendant à un réglement équitable de la part du père de famille.

Dans le premier cas la disposition additionnelle ne saurait être soutenue, il conviendrait de maintenir celles qui rentrent dans la seconde supposition. [1]

CHAPITRE II.

Des testamens reçus par notaires.

Lorsqu'une personne veut faire son testament, et qu'elle ne peut ou qu'il lui répugne à le faire par acte sous signature privée, deux modes de tester lui sont ouverts :

1.° Le *testament public*, qu'elle aura à dicter au notaire en présence des témoins [2];

[1] Cour de cass., 12 Mars 1806. Nancy, 11 Juin 1807. Cour de cass., 7 Mars 1808. TOULLIER, t. 5, §. 371. Cour de cass., 12 Juillet 1816 (SIREY, 1810, 2.° partie, p. 69). GRENIER, t. 1.er, §. 180 et suiv. MERLIN, Répert., au mot *Testament*, sect. 2, §. 1.er, art. 6, n.° 5.

[2] Art. 971, C. civ.

2.° Le *testament mystique*, qui ne requiert l'assistance des témoins et du notaire que pour une formalité séparée de celle du testament, c'est-à-dire, l'acte de suscription. [1]

Les formalités qui doivent être observées pour la validité de ces actes se rapportent au testament lui-même, au notaire qui le reçoit et enfin aux témoins instrumentaires.

ARTICLE UNIQUE.

Règles communes.

La loi du 25 Ventôse an XI, qui embrasse tous les actes reçus par notaires, ajoute aux formalités qui doivent entourer ces testamens, toutes les fois que le Code n'y a pas dérogé d'une manière expresse, ou que les principes qui le guident dans cette matière ne sont pas en opposition avec cette loi. [2]

Testament. La langue française doit être employée dans la rédaction des actes publics.

L'acte doit être fait d'un seul contexte.

Il doit de plus énoncer le nom et le lieu de la résidence du notaire qui le reçoit; le nom des témoins instrumentaires, leur demeure, l'année, le lieu et le jour où les actes ont été passés. Le défaut de mention du *lieu particulier* où l'acte a été passé n'en cause néanmoins pas la nullité [3]; pareillement la demeure des témoins sera suffisamment indiquée en disant qu'ils sont de telle *commune.* [4]

L'acte doit, à peine de nullité, être signé par le testateur, le notaire et les témoins, et mention doit être faite de l'accomplissement de cette formalité, ou de leur déclaration de ne savoir ou ne pouvoir signer, ainsi que de celle de la cause qui les en empêche (art. 14 et 68).

---

1 Art. 976, C. civ.
2 Cour de cass., 1.ᵉʳ Octobre 1810.
3 *Idem*, 23 Nov. 1825 (Sirey, 1825, 1.ʳᵉ partie, p. 157).
4 *Idem, idem.*

Néanmoins le défaut de mention de la signature du notaire n'entache pas l'acte de nullité. [1]

Tout renvoi doit être approuvé (art. 15).

Les surcharges, interlignes ou additions dans le corps de l'acte seront nulles.

Les mots à rayer devront l'être de manière à ce que le nombre en puisse être constaté en marge de leur page correspondante ou à la fin de l'acte. Ils doivent être approuvés de la même manière que les renvois (art. 16).

Notaire. Le notaire est responsable de la nullité des actes qu'il reçoit (art. 6 et 68). Cette règle générale reçoit son application dans les testamens, alors que les vices qui les frappent de nullité procèdent ou de son dol, ou d'une ignorance ou négligence tellement crasse qu'elle peut être assimilée au dol. [2]

Le notaire doit avoir le droit d'instrumenter dans le ressort où l'acte est à passer (art. 6 et 68). Une capacité putative ne saurait maintenir l'acte entaché du vice de l'incompétence de l'officier public qui l'a reçu. [3]

Le notaire ne peut, sous peine de nullité, recevoir un acte dans lequel ses parens ou alliés en ligne directe à tous les degrés et en ligne collatérale jusqu'au degré d'oncle ou de neveu seraient parties (art. 8 et 68).

Deux notaires, parens ou alliés aux degrés ci-dessus, ne peuvent concourir dans le même acte (art. 10 et 68).

Témoins. 1.° Les parens, soit du notaire, soit du testateur, ne pourront être témoins (art. 8, 10 et 68). [4]

---

1 Avis du conseil d'état du 16 Juin 1810.

2 Colmar, 4 Juillet 1809 (SIREY, 1809, 2.ᵉ partie, p. 405). Douai, 29 Mai 1810 (SIREY, 1811, p. 359). Cour de cass., 14 Mai 1822 (SIREY, 1823, p. 185). Contre, M. GRENIER, t. 1.ᵉʳ

3 Contre, COCHIN, t. 3, p. 572 (des œuvres complètes).

4 §. 9 *Inst. de testam. ordin.*

2.° Pareille incapacité frappe les clercs et serviteurs des notaires (art. 10 et 68, l. de Vent.; art. 975, C. c.)[1];

3.° La parenté respective des témoins entre eux ne saurait faire obstacle à la validité du testament.[2]

4.° L'incapacité d'un ou de plusieurs témoins ne frappe pas l'acte de nullité alors qu'il se trouve encore revêtu du nombre de signatures requis par la loi.[3]

5.° Pour être témoin, il faut être mâle, majeur, *sujet du roi, jouissant des droits civils* (art. 98, C. c.).

Dans les actes ordinaires, les témoins doivent être *citoyens Français*, puisque, devant concourir à donner à un acte l'exécution parée, il est essentiel qu'ils aient les capacités qui garantissent que pareille magistrature ait été bien placée sur leur tête.

Dans les actes de dernière volonté, au contraire, ce n'est pas comme égal du notaire, que le témoin instrumentaire se présente, les principes sur la matière ne demandent pas qu'il concoure à donner à l'acte le caractère législatif; il n'est, au contraire, appelé qu'à témoigner, et par sa présence à la confection de l'acte, et par sa signature qui l'atteste, que les choses se sont passées de la manière qu'elles ont été relatées : n'ayant donc aucun caractère public dans cette partie, aucune responsabilité ne pesant sur lui, il est inutile qu'il soit *citoyen Français*.

Le nombre des témoins est restreint dans les contrats, il est nécessaire de suppléer à leur nombre par la garantie que présente le rang qu'ils tiennent dans la société. Dans le testament, au contraire, le nombre des témoins est plus considérable, et c'est dans ce nombre que doit se trouver la garantie de la vérité des faits que confirme leur signature.

---

1 Agen, 18 Août 1824 (SIREY, 1825, 2.ᵉ partie, p. 297).

2 *Inst.* 4, §. 8, *de testam. ordin.* L. 17, *ff. de testibus.* Bruxelles, 25 Mars 1806 (SIREY, 1813, 2.ᵉ partie, p. 51).

3 Cour de cass., 6 Avril 1809 (SIREY, 1809, 2.ᵉ partie, p. 222).

La jouissance des droits civils n'est pas à elle seule un titre suffisant pour avoir la capacité d'être témoin instrumentaire, il faut être *sujet du roi*, qualité qui ne peut être acquise que par la naissance ou la naturalisation. [1]

6.° Il n'est pas nécessaire que le témoin instrumentaire soit domicilié dans l'arrondissement communal. [2]

7.° Est exclu de la fonction de témoin, celui qui a été interdit pour cause d'imbécillité ou de démence; le muet, le sourd-muet, l'aveugle.

En règle générale, les témoins doivent, à peine de nullité, réunir toutes les qualités exigées par la loi; il convient néanmoins, lorsqu'il s'agit de la capacité putative, de distinguer entre la qualité qui provient des droits politiques ou civils, et celle qui ne concerne que l'âge ou la parenté.

Dans le premier cas, lorsque le témoin jouissait ouvertement de cette qualité, le testament devra être maintenu. [3]

Il devra, au contraire, être rejeté dans le second cas, les parties étant à même de s'assurer de la qualité de celui dont ils avaient réclamé l'office. [4]

SECTION PREMIÈRE.

Du testament par acte public.

« Le testament par acte public est celui qui est reçu par deux « notaires en présence de deux témoins, ou par un notaire en « présence de quatre témoins (art. 971). »

Le notaire ne saurait recevoir un testament public dans lequel il est institué légataire (art. 8, L. de Ventôse).

---

1 Cour de cass., 23 Janv. 1811 (SIREY, 1811, 1.re partie, p. 243). Cour de cassation, 23 Avril 1828 (SIREY, 1828, 1.re partie, p. 437).

2 GRENIER, t. 1.er; Cour de cass., 10 Mai 1825 (SIREY, 1825, 1.re partie, p. 54). Contre, TOULLIER, t. 5.

3 L. 3 ff. de offic. præt. Inst. §. 7, de test. ord. Cour de cass., 28 Février 1821. Voyez GRENIER, t. 1.er, p. 607.

4 Turin, 17 Février 1806 (DENEVERS, 1806, suppl. 114).

La voie de l'inscription en faux est le seul moyen apte à renverser les allégations renfermées dans le testament, comme étant controuvées.

Mention doit être faite de l'observation des formalités. Les expressions du législateur néanmoins ne sont pas sacramentelles ; mais une périphrase, d'un autre côté, étant souvent dangereuse, le notaire devra avoir soin de se servir d'expressions dont la conséquence immédiate est que la formalité a été remplie.

§. 1.er

Dictée du testament. « Le testament est *dicté* par le testateur au « notaire .... mention expresse doit en être faite. »

Dicter, c'est prononcer mot à mot ce qu'on destine à être en même temps écrit par un autre.[1]

L'on ne saurait tester par signes.

§. 2.

Écriture du testament. Dans les contrats, la loi laisse au notaire le choix ou d'écrire lui-même les actes, ou d'en charger d'autres personnes. Le Code civil porte au contraire : « et il (le testament) « doit être *écrit* par l'un de ces notaires, *tel qu'il est dicté.* »

Cette dernière disposition, néanmoins, ne doit pas être entendue en ce sens que le notaire soit astreint à se servir des expressions que le testateur aurait employées ; l'économie de la loi ne s'étend qu'à demander l'identité des pensées.

Le Code ne s'occupant en rien des termes dont s'est servi le notaire, lorsque le testament aura été dicté dans une langue autre que celle du pays, le notaire pourra l'écrire tel qu'il lui avait été dicté, sauf alors d'y mettre en mi-marge la rédaction française.[2]

---

[1] MERLIN, Répert., au mot *Testament*, p. 678.

[2] MALEVILLE, t. 2, p. 438. LACOMBE, sur l'article 23 de l'ordonnance de 1735. Cour de cass., 26 Juillet 1808 (DENEV., 1808, p. 371).

Le notaire peut faire parler le testateur à la troisième personne.

La mention que le testament a été *écrit tel qu'il a été dicté*, résulte suffisamment de celle que le testateur a *dicté* le testament et que le notaire l'a *écrit*. [1]

Le défaut de la mention de l'écriture ne saurait être couvert ni par la vérification d'écriture ni par la preuve testimoniale. [2]

. La loi n'a pas indiqué la place qu'il convient d'assigner à la mention de l'écriture ; elle peut, par cette raison, être placée au commencement aussi bien qu'à la fin de l'acte. [3]

§. 3.

Lecture du testament. « Il doit en être donné lecture au testateur « *en présence des témoins.* »

Il n'est pas nécessaire que la mention de l'accomplissement porte, et cela à peine de nullité, que la lecture a été faite au *testateur en présence des témoins*, cette dernière circonstance peut s'induire de la contexture de l'acte entier. [4]

L'acte n'est non plus annulé lorsqu'il renferme la possibilité de deux lectures faites séparément au testateur et aux témoins [5] ; pareille circonstance pourra également être prouvée par l'acte même. Ce

---

1 Turin, 25 Avril 1806 (SIREY, 1808; Suppl., 189).

2 Cour de cass., 10 Messidor an XIII (Journal des aud., an XIII, p. 486). Avis du conseil d'État, du 18 Janvier 1806 (Législation civile, commerciale et criminelle de France, t. 11, p. 530).

3 Cour de cass., 26 Juillet 1808 (DENEV., 1808, p. 371). Cour de cass., 18 Octobre 1809 (DENEV., 1809, p. 441).

4 Cour de cass., 9 Février 1820 (SIREY, 1820, t. 1, p. 197). Cour de cass., 12 Juillet 1827 (SIREY, 1827, t. 1, p. 531).

5 Cour de cass., 21 Janvier 1812 (DENEV., 1814, p. 25 et 26). Cour de cass., 21 Octobre 1812 (DENEV., 1813, p. 188). Cour de cass., 30 Novembre 1813 (DENEV. 1814, t. 1, p. 19 à 26). Cour de cass., 28 Novembre 1816 (SIREY, 1818, t. 2, p. 13). Cour de cass., 6 Avril 1824 (SIREY, 1825, t. 1, p. 31). Corse, 2 Juin 1828 (SIREY, 1828, t. 2, p. 268).

n'est que de la loi que le juge tient le pouvoir de sévir contre
un acte au point de le renverser. Bien loin de bannir la duplicité
de sens jusqu'à en faire une cause de nullité, le Code au contraire
veut, et cela en termes exprès, que, chaque fois qu'un acte fait con-
cevoir quelque doute, on l'interprète dans le sens qu'il reste debout
(*ut potius valeat quam pereat*), et quant à ce qui concerne plus
spécialement l'incertitude qui pourrait naître sur l'observation d'une
formalité, il est un principe de Droit commun qui porte qu'on est
toujours censé s'être conformé à la loi.

Le testament est indivisible, et la lecture qui doit en être faite
doit comprendre toutes les dispositions dont il se compose. Il serait
nul, s'il était prouvé qu'une ou plusieurs dispositions ont été sous-
traites à cette formalité[1]. La loi ne se contente pas de la certitude
subjective que pourraient avoir les parties que les dernières volontés
ont été écrites telles qu'elles ont été dictées; les formalités exté-
rieures peuvent seules en rassurer la loi.

La mention de la lecture, qui n'a aucune place fixée[2] par la loi,
s'entend également des renvois.[3]

§. 4.

Signature. « Le testament doit être signé par le testateur (art. 973),
« ainsi que par les témoins (art. 974). »

La déclaration de ne pouvoir ou ne savoir signer, ne fait pas toujours obstacle à ce que le testament soit annulé, lorsqu'il est prouvé
qu'avant comme après sa confection le testateur avait été dans l'usage
de signer[4]. S'il en est autrement dans les contrats, la différence s'en

---

1 Cour de cass., 4 Novembre 1811 (SIREY, 1811, t. 1, p. 33).

2 Si on la place au commencement de l'acte, il faut alors qu'elle se réfère à
tout ce qui suit : Cour de cass., 26 Juillet 1808. MERLIN, Répert., au mot *Testament*, sect. 2 , §. 2 , art. 4, n.° 5.

3 Cour de cass., 3 Août 1808 (SIREY, 1808, p. 557).

4 Limoges, 26 Novembre 1823 (SIREY, 1826, t. 2, p. 180). TOULLIER, t. 5,
p. 431. MERLIN, Quest. de droit, au mot *Signature*, §. 3. GRENIER, t. 1, p. 565.

puise dans la diversité des engagemens du contractant et du testateur : lorsque la conduite du contractant dément sa déclaration,
il n'y a que le dol qui ait pu l'engager à faire une déclaration fausse;
dans les testamens, au contraire, le lit du mourant se voit souvent
assiégé par des influences coupables, auxquelles parfois le testateur
tâche d'échapper en alléguant des faits propres à renverser ses dernières volontés.

Le testament ne saurait valoir, si le testateur était mort avant de
le signer, ou avant d'avoir achevé sa signature.

« Dans les campagnes il suffira qu'un des deux témoins signe,
« si le testament est reçu par deux notaires; et que deux des quatre
« témoins signent, s'il est reçu par un notaire (974). »

Le Code se tait sur la signification qu'il convient de donner au mot
campagne; l'ordonnance de Blois réputait telle, tout ce qui n'était
pas *ville* ou *gros bourg*, et l'ordonnance de 1735 voulait qu'on ran-
geât sous la rubrique des campagnes tout ce qui n'était pas *ville*
ou *bourg fermé.* Ces désignations sont sans application, et datent
d'un ordre de choses tout différent. Dans les principes de notre
jurisprudence on comprend aujourd'hui sous la dénomination de
campagne, tout endroit qui ne possède ni *marché*, ni *justice de
paix*, ni *bureau de poste aux lettres.*[1]

§. 5.

Témoins. Sont exclus de la capacité de servir de témoins :
1.° Les légataires (975).

La circonstance que, par un événement fortuit, un témoin eût
profité d'un legs, n'est pas de nature à entraîner la nullité ni du
testament ni de la disposition.[2]

---

1 Cour de cass., 10 Mars 1829 (Gaz. des trib).
2 Cour de eass., 11 Septembre 1809 (DENEV., 1809, p. 367). L'on ne saurait
non plus donner le nom de légataires à ceux qui sont préposés à un établissement

2.° Les parens ou alliés des légataires jusqu'au quatrième degré inclusivement; la disposition finale de l'article 975 ne s'étend pas aux commis et domestiques des légataires, *odia restringenda.* [1]

SECTION II.

Du testament mystique.

Le mystère couvre l'existence du testament olographe, la publicité ressort des formalités que demande le testament par acte public.

L'existence du testament mystique ne saurait être problématique en regard des formalités exigées pour sa constatation; l'incertitude ne plane que sur les dispositions qu'il renferme. Venir au secours des personnes que la répugnance de faire connaître leurs dernières volontés détournerait de faire un testament, soit parce qu'elles en seraient empêchées par un vice dans leur conformation physique ou par défaut d'éducation, soit à cause du peu de garantie d'exécution que leur présenterait le testament olographe, tel est le but du testament mystique, qui réunit en un seul cadre les avantages du testament olographe et les formalités préservatrices du *testament par acte public.* [2]

Deux formalités principales sont nécessitées par ce testament :

1.° L'écriture et la signature de la main du testateur, qui, pour la rédaction du testament, pourra se servir d'une main étrangère, pourvu que toutefois il signe l'acte, ou qu'au cas contraire il en fasse la déclaration.

2.° La rédaction de l'acte de suscription par le notaire, faite en présence du testateur et de six témoins au moins.

Pour qu'une personne soit apte à faire un testament mystique, il

---

public; pareillement le ministre d'une église, à laquelle il a été fait un legs, ne saurait être rejeté pour servir comme témoin.

[1] Caen, 4 Décembre 1812 (SIREY, 1813, t. 2, p. 63).
[2] Bruxelles, 23 Mars 1811 (SIREY, 1812, t. 2, p. 94).

faut qu'elle *puisse* ou qu'elle *sache* lire, et cela aux deux époques de la confection du testament et de sa présentation au notaire (978). Pareille condition est la conséquence de la faculté que la loi a accordée au testateur d'écrire lui-même son testament ou de le dicter à une autre personne.

Le défaut de savoir lire doit, selon FURGOLE, s'entendre de l'*écriture à la main*, et non de l'*écriture moulée*. [1]

La date n'est point requise, elle résulte de l'acte supplétif du notaire.

Le testament doit être présenté clos et scellé par le testateur au notaire assisté des témoins, il pourra de même être clos et scellé en leur présence, et mention de l'une ou de l'autre de ces formalités devra être faite.

Le Code exige la double formalité de la clôture et du scel[2]; le sceau néanmoins peut être celui d'une autre personne comme, par exemple, celui du notaire. [3]

Mention doit être faite dans l'acte de suscription de la *présentation* du testament au notaire et de la *déclaration* du testateur que l'acte qu'il lui soumet est son testament, *écrit et signé de lui*, ou *écrit par un autre* et *signé de lui*. Le notaire doit faire parler la personne même dans l'acte, son office ne se borne qu'à prêter son ministère à celui qui le réclame.

Pareille mention néanmoins peut être faite en termes équipollens. [4]

Lorsque le testament a été écrit par une personne autre que le testateur, il n'est pas nécessaire que l'acte de suscription porte le nom de l'écrivain, l'on ne saurait ajouter aux termes de la loi.

---

1 FURGOLE, Des testamens, chap. 2 , sect. 3, n.° 29.

2 Cour de cass., 7 Août 1810 (TOULLIER, t. 5, n.° 465).

3 Cour de cass., 8 Février 1820 (SIREY, 1820, t. 1, p. 291).

4 Turin, 5 Décembre 1806 (SIREY, 1806, t. 2, p. 760). Colmar, 10 Juillet 1814 (SIREY, 1814, t. 2, p. 458). Cour de cass., 7 Avril 1806 (SIREY, 1806, t. 1.er, p. 287). Turin, 1.er Février 1806 (SIREY, 1806, t. 2, p. 99).

L'acte de suscription doit être écrit par le notaire lui-même [1], la mention néanmoins n'en est pas exigée à peine de nullité. Il devra être revêtu de la signature du testateur; s'il ne peut remplir pareille formalité, il faut distinguer.

1.° Ou cet empêchement ne date que d'une époque postérieure à la signature du testament; il suffit alors que le notaire fasse mention de la déclaration du testateur, que pour telle cause il a été empêché de signer.

2.° Ou le testateur n'a pas signé son testament; il sera alors appelé un témoin de plus, et mention sera faite de la déclaration du testateur de ne savoir ou ne pouvoir signer, soit parce qu'il n'en a pas l'usage, ou parce qu'un défaut physique l'en empêche, et mention sera également faite de la cause pour laquelle le témoin supplémentaire a été appelé. [2]

L'acte de suscription pourra être écrit, soit sur l'enveloppe close et cachetée qui renferme le testament, soit sur le dos de la feuille sur laquelle se trouvent les dernières volontés; feuille qui également doit être close et cachetée, bien que par son existence connexe avec le testament, il soit impossible de l'en séparer. [3]

La mention portant que l'acte de suscription a été écrit sur le dos de la feuille contenant le testament, ou qu'il a été écrit sur l'enveloppe, serait sans aucune conséquence pour la validité du testament si le contraire avait eu lieu. [4]

L'acte de suscription, étant un acte notarié, doit être revêtu de celles des formalités dont, vu le silence du Code, la loi sur le notariat commande l'observation :

1.° L'acte de suscription doit être lu par le notaire au testateur,

---

1 Argument des articles 976 et 979 du Code civil.
2 Argument des art. 976 et 977 du Code civil.
3 Turin, 5 Pluviôse an XIII (Sirey, 1805, t. 2, p. 525).
4 Bruxelles, 9 Août 1808 (Sirey, 1809, t. 2, p. 63).

en présence des témoins; mention devra être faite que cette formalité a été remplie (art. 13).

2.° L'acte de suscription doit porter en outre de la signature du
testateur, celle des témoins et du notaire, et mention devra en être
faite (14 et 68).

3.° Les clercs des notaires ni ses serviteurs ne peuvent servir de
témoins.

4.° L'acte de suscription doit être fait d'un seul contexte.

Les qualités qu'indépendamment du caractère d'acte authentique,
le testament mystique a de commun avec le testament par acte
public, n'ont trait qu'à la seule condition des témoins, en ce sens
qu'ils doivent être tous mâles, majeurs, sujets du roi, jouissant des
droits civils, qu'en outre ils ne sont pas obligés d'être domiciliés
dans l'arrondissement communal.

Ce peu d'homogénéité dans les conditions auxquelles la loi a subordonné la validité de ces actes, ajouté à l'esprit différent qui leur
a donné naissance, donne la mesure des différences qui les séparent.

1.° Le testament mystique ne prend date que de l'acte de suscription. [1]

2.° L'acte de suscription pourra être écrit sur toute espèce de
papier. [2]

3.° Le nombre des témoins étant déterminé et non gradué sur
celui des notaires, l'assistance d'un second notaire serait superflue.

4.° Le privilége des témoins des testamens faits à la campagne ne
s'étend pas aux témoins des testamens mystiques faits dans les mêmes
contrées. [3]

---

[1] Cour de cass., 14 Mai 1809 (SIREY, 1809, t. 1, p. 255).

[2] Décision du ministre des finances du 3 Novembre 1807 (SIREY, 1807, t. 2,
p. 313).

[3] Liége, 29 Mai 1806 (SIREY, 1806, t. 2, p. 173). Liége, 29 Mai 1808 (SIREY,
1809, t. 2, p. 245). Bordeaux, 12 Avril 1808 (SIREY, 1808, t. 2, p. 158). Cour
de cass., 20 Juillet 1809 (SIREY, 1809, t. 1, p. 370).

5.° La qualité de légataire ne fait pas obstacle à ce qu'une personne assiste comme témoin à la présentation du testament mystique; pareille qualité n'empêcherait non plus le notaire à recevoir l'acte de suscription.

6.° Le légataire peut servir de scribe au testateur, sans néanmoins être exclu pour cela du droit d'assister comme témoin à la rédaction de l'acte de suscription; et après avoir écrit le testament comme personne privée, le notaire peut encore, comme personne publique, en recevoir l'acte de suscription, sa qualité d'être en outre légataire ne saurait y mettre obstacle. [1]

7.° L'unité de temps requise par l'article 976, ne s'applique qu'à la rédaction de l'acte de suscription. [2]

Le muet peut faire un testament mystique (art. 979 et 976); mais ce serait à tort que l'on soutiendrait que par le fait d'avoir été admis à faire un testament de cette nature, il soit exclu du droit de faire un testament olographe.

Le testament mystique peut être maintenu, malgré la nullité de son acte de suscription, lorsqu'il a été écrit, daté et signé de la main du testateur [3]; seules formalités auxquelles le testament olographe est assujetti, et auxquelles la forme mystique peut n'avoir été ajoutée que pour donner un caractère plus fixe à la disposition de dernière volonté. L'on ne saurait pas se prévaloir de ce que, le testateur ayant eu la volonté de faire un testament mystique, ce n'était que sous ce caractère que l'acte devait être envisagé; la loi romaine avait déjà réfuté cette subtilité, et ULPIEN a dit (*l. 3, ff. de testam. mil.*): *Nec credendus est quisquam genus testandi eligere ad impugnanda sua judicia, sed magis utroque voluisse propter fortuitos casus.*

---

1 Nîmes, 21 Février 1821 (SIREY, 1821, t. 2, p. 274).

2 Cour de cass., 8 Février 1820 (SIREY, 1820, t. 1.ᵉʳ, p. 191).

3 Cour de cass., 6 Juin 1816 (SIREY, 1816, t. 1, p. 385). Cour de cass., 23 Décembre 1828 (Gaz. des trib.).

II. DES TESTAMENS PRIVILÉGIÉS.

Le Code reconnaît comme testamens privilégiés :

1.° Le testament militaire (art. 981 à 984, C. c.).

2.° Le testament fait en temps de peste (art. 985 à 987, C. c.).

3.° Le testament fait sur mer (art. 988 à 998).

4.° Le testament fait par le Français en pays étranger (art. 999 et 1000).

5.° Le testament fait à la campagne (art. 974).

THESES EX JURE ROMANO.

DE PATRIA POTESTATE.

I.

Patria potestas illa est qua parens utitur in personam et res eorum qui suo jure obnoxii sunt.

In potestate illa erant olim tam liberi quam uxores, marito per ritus solemnes (coemtionis, confarreationis vel usus) conjunctæ, tunc respectu mariti erat filia familias et respectu liberorum erat soror.

Introductis nuptiis quæ solo consensu fiebant, in solos liberos jus illud retentum est.

II.

Nonnisi civibus romanis et in cives adquiri potest, nam ut recte JUSTINIANUS ait, jus est proprium civium romanorum.

III.

Adquirebatur patria potestas procreatione filii ex justis nuptiis, vel per ritus civiles, legitimationis et adoptionis.

Amittebatur contra omni capitisdi minutione.

IV.

Patriæ potestatis jus matri non competit, quia qui nascuntur patris et non matris familiam sequuntur.

V.

Effectus hujus potestatis porrigitur tam ad filii personam quam ad bona quæ adquiruntur ab ipso.

VI.

Quod ad personam attinet, patria majestas erat tanta quanta dominorum in servos; respectu patris non erant liberi personæ, sed res tantum quarum dominium ex jure Quiritium patri erat. Unde sequitur :

1.° Patrem in liberos suos habuisse jus vitæ et necis.

2.° Jus liberos ter venumdandi.

3.° Jus liberos noxæ dandi.

4.° Jus eos jure Quiritium vindicandi.

5.° Jus iisdem testamento tutores dandi et pupillariter substituendi.

6.° Jus consensus in nuptias.

VII.

Jus vitæ atque necis, sicut et jus liberos ter venumdandi a Romulo constitutum et lege duodecim tabularum confirmatum, sub imperatoribus exolevit et Constantinus pœna parricidii puniri voluit, eum qui aliquem ex liberis suis occidisset; nam, ut Marcianus ait, patria potestas in pietate debet, non in atrocitate consistere.

VIII.

Non erat patri permissum, si filios venderet eos in servilem conditionem detrudere.

IX.

Durabat patria potestas per omnem patris vitam, sub imperatoribus tamen cedebat dignitati.

X.

Jus liberos venumdandi servatum est, si pater extrema inopia coactus sanguinolentos liberos vendiderit.

Jus liberos noxæ dandi JUSTINIANUS sustulit.

XI.

Quoad res quæ filio adquiruntur observandum:

1.° Quidquid filius adquirebat, id omne, non sibi, sed ei cujus in potestate erat, adquirebat.

2.° In negotiis privatis pro una habebantur persona pater et filius.

3.° In negotiis a filio gestis debebat pater auctoritatem suam interponere.

XII.

Peculiis diversis jus patris in bona liberorum imminutum est.

FINIS.

www.ingramcontent.com/pod-product-compliance
Lightning Source LLC
Chambersburg PA
CBHW071327200326
41520CB00013B/2890